RAFAEL RICO

A mesma história igual e diferente de CLARÊNCIO E JUSTINO

VALORIZE SEUS SONHOS COM EDUCAÇÃO FINANCEIRA!

RAFAEL RICO

A mesma história igual e diferente de CLARÊNCIO E JUSTINO

VALORIZE SEUS SONHOS
COM EDUCAÇÃO FINANCEIRA!

dsop
editora

Presidente
Reinaldo Domingos
Ilustradora
Mara Oliveira
Coordenadora editorial
Laila Mascarenhas
Editoras de texto
Catarina Arimatéia e Mariana Cardoso
Editora de arte
Marisa Corazza
Revisora de conteúdo
Magali Ferrarese Tognoni

Rua Alba, 88 - Vl. Parque Jabaquara
São Paulo - SP - CEP: 04346-000
Tel.: 11 3177.7800
www.editoradsop.com.br

Dados Internacionais de Catalogação na Publicação (CIP)
(Câmara Brasileira do Livro, SP, Brasil)

Rico, Rafael
A mesma história igual e diferente de Clarêncio e Justino : valorize seus sonhos com educação financeira / Rafael Rico ; [ilustração Mara Oliveira]. -- 2. ed. -- São Paulo : Editora DSOP, 2023.

ISBN 978-85-8276-561-6

1. Dinheiro - Administração 2. Educação financeira 3. Mudança de comportamento I. Oliveira, Mara. II. Título.

23-160686 CDD-332.6

Índices para catálogo sistemático:

1. Educação financeira : Economia 332.6

Eliane de Freitas Leite - Bibliotecária - CRB 8/8415

Bianca, obrigado por acreditar em mim e por sempre me apoiar, me incentivar, puxar minha orelha nas horas certas e, mais do que tudo isso: me amar. Eu te amo!

⁂

Este livro é dedicado a Ronald Ornelas de Araújo Góes (1949-2020) in memoriam

SUMÁRIO

PREFÁCIO

Pelas mãos do querido amigo Rafael Rico, educador financeiro formado pela DSOP Educação Financeira, dois irmãos de alma voltam a encantar e a ensinar em *A mesma história igual e diferente de Clarêncio e Justino*, que chega à segunda edição de roupa nova, dessa vez com ilustrações de Mara Oliveira.

Os conceitos também foram ampliados, todos baseados na **Metodologia DSOP – Diagnosticar**, **Sonhar**, **Orçar** e **Poupar**. Quatro palavras mágicas que estrategicamente traduzem atitudes capazes de tornar sonhos em realidades, e com isso modificar caminhos que possibilitam a sustentabilidade financeira necessária. E foi o que aconteceu com Clarêncio, ao seguir as recomendações sábias do mano Justino.

O autor Rico, sensível às nuances do ambiente familiar e à diversidade que existe entre as pessoas – e que deve ser sempre respeitada –, mostra que dentro da mesma casa e recebendo os mesmos ensinamentos, os membros de uma família podem ter diferentes comportamentos financeiros. Alguns sabem lidar melhor com dinheiro e outros nem tanto. Há os mais precavidos e que colocam tudo na ponta do lápis, e também existem aqueles que ainda não são capazes de se planejar financeiramente ou têm dificuldade de poupar. Mas a solidariedade entre todos, como a que há entre os dois irmãos, prova que a união e a confiança podem transformar comportamentos errôneos em rotas de sucesso, que levam à autonomia, ao empreendedorismo vitorioso e a um mundo mais sustentável, como desejamos para nós, nossos filhos, netos e todos os descendentes que virão.

Quando há um roteiro pré-estabelecido, organização e normas claras e fáceis de serem implantadas no dia a dia, a frase "eu não consigo" deixa de existir, assim como a palavra "impossível", abrindo-se um mundo de novas oportunidades. (Não é mesmo, Clarêncio?)

Boa leitura, e que esta obra represente uma fonte de inspiração para novas atitudes e realização de sonhos!

Abraços,

PhD Reinaldo Domingos

* * *

SEGUINDO EM FRENTE!

MAIS UMA EDIÇÃO, NOVAS PERSPECTIVAS!

Caros leitores: chegamos à 2ª edição! Nada disso seria possível se eu não acreditasse nos meus sonhos, na minha força de vontade e no potencial desta obra. E, realmente, este livro nasceu de um sonho! De verdade! Acordei de repente, depois de sonhar com essa história. É claro que as coisas já estavam na minha mente, mas me levantei e tratei de organizá-las, colocando-as no papel.

No ano de 2020 e até agora, maio de 2023, a pandemia do Coronavírus nos mostrou e nos ensinou muita coisa! Perdemos pessoas queridas, aprendemos a lidar e a viver mais no mundo digital e tivemos de nos readaptar a viver de forma diferente, não é mesmo? Mas devemos respirar, olhar para frente e seguir caminhando. E, no meio de tudo isso, surgiu A mesma história igual e diferente de Clarêncio e Justino: Valorize seus $onhos com Educação Financeira! O mais legal é ver que as coisas podem acontecer quando a gente quer!

A 1ª edição deste livro foi uma construção em parceria com a Rico Editora, liderada e concebida por Janaina Rico, excelente escritora e autora de diversas obras já publicadas. Foi um sucesso!

Diversas escolas o adotaram como parte integrante de seus currículos no ensino da Educação Financeira. Companhias de teatro roteirizaram e encenaram a contação desta história para centenas de crianças. Além disso, milhares de exemplares também foram adquiridos por instituições privadas para serem doados a crianças carentes e suas famílias, demonstrando a importância desse tema em nossa sociedade.

Tive, ainda, a oportunidade de participar de inúmeros eventos on-line e presenciais para palestrar, dar autógrafos e falar sobre nossos heróis – Clarêncio e Justino. Foram excelentes bate-papos regados a um aprendizado maravilhoso com crianças, professores, pais, jovens e adultos.

Nesta 2ª edição – publicada pela Editora DSOP – decidimos dar ainda mais vida ao livro, elaborar novas ilustrações, atualizar alguns conceitos financeiros e ampliar ainda mais o alcance desta obra pelas escolas de todo o Brasil. Tenho muito orgulho de ser educador financeiro formado pela DSOP Educação Financeira. Ter este livro publicado, comercializado, distribuído e divulgado por quem preza por uma Educação Financeira de qualidade, como a DSOP o faz, é de uma satisfação sem tamanho e sem precedentes para mim.

Agradeço ao PhD Reinaldo Domingos, meu amigo, professor, fundador e idealizador da DSOP, pela confiança! Agradeço ainda a toda equipe DSOP pelo empenho: Ana Rosa, Laila, Marisa, Mariana, Magali, Cláudia, Fernando e todos os demais envolvidos. Estamos juntos!

Em breve, nossos heróis também poderão ser lidos em outros idiomas, facilitando a Educação Financeira bilíngue. Nossos projetos estão apenas começando, mas não vou dar muito spoiler... senão perde a graça!

Espero que vocês gostem e que apliquem esses conhecimentos em suas vidas e na vida de suas famílias. Sou grato a todos que direta ou indiretamente acreditaram, opinaram e me apoiaram na realização deste sonho.

Rafael Rico

* CAPÍTULO I

A INFÂNCIA DOS MENINOS

ATENÇÃO! A história deste livro pode ter a ver com você ou com a sua família! Será que você conhece alguém que se pareça com Clarêncio ou com o Justino? Vamos descobrir juntos?

Em um lindo sábado, Seu Moreira e Dona Magda estavam com o filho deles, Clarêncio, que tinha apenas 2 aninhos, terminando de tomar um belo café da manhã na varanda quando ouviram um grito de dor vindo da cozinha:

– AAAAAAAAAIIIIIII!!!!!

Era Flávia, a empregada da família. Ela morava com eles há anos e estava prestes a ter seu primeiro filho: Justino.

Seu Moreira levantou-se tão rápido que acabou deixando a xícara de café cair no chão. Ele já estava até suando de nervoso e, ajudando Flávia a sair do chão, disse:

– Flávia, entre logo no carro e vamos pro hospital! O Justino vai nascer! Magda, pegue as coisas dela e vamos conosco!

E assim, depois de alguns dias na maternidade, Flávia voltou para casa com um belo meninão no colo. Seu Moreira, Dona Magda e o pequeno Clarêncio ficaram felizes da vida com a chegada do bebê Justino!

A família Moreira vivia em um bairro muito bom. A casa era enorme! Quartos grandes e quase todos eles tinham banheiro privativo! Na sala havia uma TV gigante que mais parecia uma tela de cinema, onde toda a família adorava assistir a desenhos, filmes e séries - comendo uma deliciosa pipoca, claro!

A cozinha, então... era uma beleza! Não faltava nada que um bom masterchef precisa para cozinhar. Tinha de tudo na despensa e muita fartura na mesa. Do lado de fora, havia até churrasqueira e forno de pizza. Seu Moreira adorava chamar os amigos para um churrasco aos domingos!

Os anos se passaram e os meninos foram crescendo e se tornando crianças muito espertas. Faziam quase tudo juntos: eram da mesma escola, tinham aula de judô e de natação e também adoravam música! Clarêncio, já com 9 anos, se interessou por violão; Justino, agora com 7, começou a tocar bateria.

Nos finais de semana, eles adoravam brincar na piscina e jogavam bola no campinho de futebol que tinham em casa. A grama era verdinha e bem cortadinha, perfeita para uma bela partida... um verdadeiro "tapete"! Aliás, eles até torciam pro mesmo time de futebol.

Justino sempre foi um menino muito inteligente e gostava muito de sua mãe, que sempre o ensinou a respeitar as pessoas com mais idade e a estudar bastante. Durante a infância de Justino, Flávia sempre foi uma mãe muito presente: participava de todas as apresentações na escola, cuidava e também lhe dava muito carinho e amor .

Depois de alguns anos, porém, Flávia começou a se sentir mal e foi ao médico. Infelizmente, ela soube que tinha uma doença muito, muito grave: um câncer de mama em estado já avançado, que, dificilmente, os médicos conseguiriam curar.

E assim, mesmo se cuidando, fazendo tratamentos e tomando vários remédios, não demorou para que o pior acontecesse: Flávia não resistiu e acabou falecendo quando Justino tinha apenas 12 anos.

Seu Moreira, então, fez questão de criar Justino. Com a falta da mãe e, tendo em vista que o menino nunca conhecera seu pai biológico, a família Moreira o acolheu e o tratou como filho, dando-lhe as mesmas oportunidades de vida que deram a Clarêncio.

* CAPÍTULO II

ALGUMAS DIFERENÇAS COMEÇAM A APARECER

Depois do falecimento da mãe, Justino começou a pensar muito no futuro, já que não queria passar pelas mesmas dificuldades vividas por ela. Flávia nasceu em uma comunidade muito pobre e seus pais não conseguiam dar tudo "de bom e do melhor" a ela. Às vezes faltava dinheiro e não tinham nem comida, chegando, até mesmo, a passar fome.

Foi assim, sabendo dessas e de outras histórias sobre a mãe e seus avós, que Justino logo deu um jeito de ganhar seu primeiro dinheiro, para realizar alguns sonhos e desejos. Como ele era muito bom em Matemática, pois adorava os números, já com 14 anos começou a dar aulas particulares para seus colegas de escola, que tinham dificuldade nessa matéria.

E assim, Justino foi se interessando por Educação Financeira, lendo livros sobre o assunto e assistindo vídeos na DFLIX (dflix.com.br), uma plataforma sobre educação e comportamento financeiro da DSOP muito legal! Lá ele viu vários vídeos e aprendeu que era muito importante ter reservas de dinheiro para realizar sonhos! Ele tinha três cofres: um para os sonhos que queria realizar em 1 ano; outro, entre 1 a 5 anos; e um para os sonhos mais distantes, aqueles que desejava realizar em um período superior a 5 anos.

No primeiro cofre, Justino poupava para adquirir a camisa oficial do seu time de futebol! Já no segundo cofre, também tinha um objetivo claro para o dinheiro guardado: adquirir uma bicicleta novinha em folha, já que a sua estava ficando pequena. O terceiro e último cofre era pra realizar um sonho mais distante, porém sempre presente na mente de Justino: a tão sonhada viagem pra Disney, nos Estados Unidos!

Dessa forma, ele ia conseguindo adquirir o que queria e se sentia muito bem com isso! Justino sempre poupava um dinheiro caso alguma coisa acontecesse sem que ele esperasse, como uma vez, em que o pneu da bicicleta dele furou e... olha só: Justino não teve que se preocupar com isso. Simplesmente foi na borracharia e arrumou o pneu de sua bike com o dinheiro poupado para esse tipo de situação.

Já Clarêncio... Ixi! Esse se complicava quando o assunto era dinheiro. Mesmo sendo criado do mesmo jeitinho que seu irmão, Clarêncio achava que não precisava poupar para adquirir coisas e, assim, realizar seus sonhos e desejos. Ele não se interessava sobre Educação Financeira e, como quase sempre ganhava tudo facilmente do seu pai, Clarêncio foi se acostumando mal com isso.

Desde muito novo, tudo que ele pedia, o pai lhe dava: joguinhos, passeios, guloseimas. Clarêncio tinha tanto brinquedo que, às vezes, nem os abria ou, então, brincava só uma vez e já não tinha mais nenhum interesse neles.

Seu Moreira também queria dar tudo facilmente para Justino, mas o próprio Justino não aceitava! Ouvir as histórias difíceis da mãe fez o menino pensar da seguinte maneira: "Nossa, mas assim fica muito fácil! Eu não preciso fazer nada para ganhar tudo! Isso não deve ser bom...".

Justino aceitava os presentes de aniversário, no Dia das Crianças e no Natal. Até aí tudo certo! Todo mundo gosta de ganhar presentes, não é mesmo? Ele os recebia, agradecia e, claro, curtia bastante também. Mas, quando o assunto eram seus sonhos, Justino gostava mesmo era de realizá-los com o próprio dinheiro! E ele não parava de se interessar por Educação Financeira!

* CAPÍTULO III

O COMPORTAMENTO FINANCEIRO DA FAMÍLIA MOREIRA

Seu Moreira era um homem muito bom. Advogado conhecido na cidade, tinha muitos afazeres e quase sempre se preocupava em como ganhar mais dinheiro para poder manter todo aquele luxo! Eram muitas contas para pagar e geralmente muito altas, pois as luzes viviam acesas, o ar condicionado sempre estava ligado e, com a piscina e com tantos banheiros pela casa, a conta de água apresentava sempre um valor muito alto todos os meses!

Iam ao mercado várias vezes por semana e gastavam muito, pois Dona Magda, mesmo sendo dona de casa, não tinha o hábito de fazer uma lista de compras, o que dificultava muito e ela acabava sempre comprando coisas que já tinham em casa.

Além disso, Seu Moreira ainda pagava prestações, impostos e seguros dos três carrões que estavam na garagem. Fora a gasolina! Mas ele gostava mesmo era de dirigir só um dos carros. Os outros dois ficavam parados na garagem, servindo praticamente só de enfeite.

Apesar de ganhar muito bem, Seu Moreira nunca se preocupou em guardar dinheiro para reservas estratégicas e, assim, ia levando a vida. Em compensação, nunca teve muitos problemas com dívidas. Assim, ele acabava gastando todo o dinheiro do mês, comprando um presente pra Dona Magda aqui, inventando uma compra de um móvel novo ali, indo comer em um restaurante com valores altos quase todos os sábados e, no final das contas, nunca sobrava nada de dinheiro para Poupar.

Depois que terminaram o Ensino Médio, Clarêncio e Justino acabaram seguindo rumos distintos.

No dia em que foi aprovado no vestibular, Clarêncio ganhou um carro novinho do pai. Seu Moreira também quis dar um carro "zero quilômetro" para Justino, mas como a mãe dele havia ensinado ao rapaz a importância de adquirir os bens por conta própria, ele não aceitou. É claro que todos nós podemos um dia precisar de ajuda, mas por meio dos ensinamentos de Educação Financeira, Justino realmente preferia galgar os próprios sonhos. Seu Moreira, então, levou a família para jantar em um restaurante bem gostoso e todos comemoraram muito as aprovações na faculdade!

Os dois rapazes mudaram de cidade para estudar na faculdade e, pela primeira vez na vida, passaram a morar em lugares diferentes.

Foram cinco anos de curso. Clarêncio e Justino aproveitaram bastante a vida acadêmica, estudaram muito, conheceram várias pessoas legais e inteligentes. A vida universitária é um mundo de oportunidades e é fundamental que sejam bem aproveitadas! Assim, durante essa jornada, os irmãos decidiram que seriam excelentes profissionais e se dedicaram ao máximo em seus estudos, estágios e primeiras experiências profissionais. Além disso, sempre que podiam, voltavam para visitar a família, a base de tudo.

Clarêncio acabou se formando em Arquitetura e Justino, em Direito. Durante a faculdade, Seu Moreira pagava os gastos de moradia, alimentação e transporte dos dois filhos, para que eles não se preocupassem com esses gastos fixos. Justino, ainda assim, continuava dando aulas particulares e, com o dinheiro que recebia, conseguia fazer pequenas viagens aos fins de semana, sem deixar de comer aquela pizza Supreme (mas que tinha um valor mais alto) todas as sextas-feiras!

Já Clarêncio acabava gastando todo dinheiro que Seu Moreira mandava para ele e, muitas vezes, no final do mês, ainda tinha que ligar para o pai para pedir mais. A falta de interesse em Educação Financeira e o fato de não cuidar bem do dinheiro estavam começando a dar sinais negativos na vida de Clarêncio...

* CAPÍTULO IV

AS CRIANÇAS CRESCERAM

Alguns anos após se formar na faculdade e começar a trabalhar em um escritório de arquitetura, Clarêncio casou-se com Janaina. Eles já se conheciam desde o Ensino Médio. Sempre se entreolhavam, rolava "aquele clima", sabe? Porém nunca tiveram a oportunidade de namorar. Clarêncio se mudou para outra cidade e Janaina continuou morando no mesmo bairro. Quando Clarêncio voltou, os dois se reencontraram, pois tinham amigos em comum, e engataram um namoro de 2 anos.

Desse namoro, logo vieram o casamento e dois filhos: Miguelzinho, hoje, já com 5 anos, e Luísa, com 2 aninhos.

Como se esperava, Justino não precisou de muita ajuda de Seu Moreira para montar um escritório de advocacia. Trabalhou como estagiário durante a faculdade, se tornou advogado, fez muitas amizades e, assim, abriu um escritório com um grande amigo da turma da universidade. Deu super certo!

Assim que se formou, Justino casou-se com Bianca, uma colega da faculdade de Direito, mas eles preferiram esperar para terem filhos, pois queriam aproveitar mais a juventude viajando pelo Brasil e conhecendo outros países também. Tudo com muito planejamento, é claro!

* CAPÍTULO V

COLHEMOS O QUE PLANTAMOS

Como o patriarca da família Moreira sempre teve de trabalhar muito para manter todo aquele luxo, acabava se estressando demais, não se alimentava direito, começava uma dieta e logo desistia... Estava sempre acima do peso! Ahhhh, além disso, detestava praticar esportes. Nem mesmo uma caminhada o apetecia. Ir ao médico fazer check up então? Nem pensar!

O resultado de uma vida assim: estresse, alimentação ruim e falta de exercícios físicos, já sabemos no que pode dar... problemas de saúde! E foi o que aconteceu. Em um domingo, após um churrasco em casa, Seu Moreira começou a passar mal. Dona Magda correu com ele pro hospital e descobriram que ele estava infartando! Após realizar diversos exames, os médicos disseram que Seu Moreira era cardíaco, ou seja, seu coração já não estava funcionando lá muito bem.

Assim, Seu Moreira teve que começar a gastar muito com o tratamento médico e com remédios para o coração. E vocês não vão acreditar! Mesmo advertido pelos médicos, Seu Moreira não quis mudar o estilo de vida: continuou trabalhando e se estressando pra caramba e não iniciou a prática de exercícios físicos. Isso fez a saúde dele se deteriorar ainda mais.

Além disso, durante todos esses anos, a família Moreira não havia sequer feito uma reserva financeira estratégica. Assim, mesmo com plano de saúde, precisaram vender parte do patrimônio que construíram para poder pagar o tratamento de Seu Moreira, que não era custeado e coberto pelo plano de saúde

O escritório de advocacia do Seu Moreira também já não estava tão bem e, sem a supervisão dele, começou a ir à falência. Foram 3 anos de tratamento e muito dinheiro gasto com remédios, internações em hospitais e, até mesmo, algumas viagens para consultas com médicos em outras cidades no Brasil e no exterior. Seu Moreira foi ficando cada vez mais debilitado e, após uma parada cardíaca, não resistiu e faleceu.

A família Moreira, sempre unida, passou por este momento difícil com muito sofrimento, porém, com muito amor e acolhimento, principalmente com cuidados à – agora viúva – Dona Magda. Todos sentiram muito a morte de Seu Moreira, mas se mantiveram serenos e, apesar do luto, fizeram este momento de dor o mais brando possível e sem traumas para os familiares.

* CAPÍTULO VI

CLARÊNCIO SE SUPERENDIVIDA

Depois da morte do pai, Clarêncio começou a ter sérias dificuldades financeiras. Lembram-se de que ele nunca se preocupava em cuidar do dinheiro e gastava mais do que ganhava? Ele também não se preparou financeiramente para o momento em que o pai dele faltaria... Assim, sem a ajuda financeira que estava acostumado a receber de Seu Moreira, o rapaz ficou perdido nos gastos de casa: aluguel, conta de água, internet, luz... Fora os gastos do escritório de arquitetura em que Clarêncio trabalhava e a mensalidade do colégio particular de Miguelzinho e Luísa, que sempre foi pago por Seu Moreira. Tudo foi ficando muito difícil.

Com a ausência do pai, Clarêncio não teve mais a quem pedir ajuda financeira e começou a recorrer ao cartão de crédito e a empréstimos em bancos. Tudo isso foi levando Clarêncio a ter sérios problemas dentro de casa, principalmente porque não contava para sua esposa e para seus filhos as dificuldades financeiras que enfrentava. Assim, sem saber de nada, sua família queria viajar no final do ano, fazer festas de aniversário, ir a restaurantes, adquirir presentes e roupas e viver como se nada de ruim estivesse acontecendo na conta bancária de Clarêncio.

Enquanto isso, as coisas começaram a piorar na casa de Clarêncio. As contas não paravam de chegar e as crianças continuavam querendo viver da mesma maneira. Clarêncio, ainda com vergonha de contar o que estava acontecendo para sua família, acabava dando tudo que as crianças pediam, assim como seu pai sempre fez. Só que isso não era bom.

Todos esses gastos foram causando cada vez mais dívidas e ele foi contratando mais e mais empréstimos nos bancos para poder manter um padrão de vida muito acima do que ele conseguia pagar.

Com tanta preocupação na cabeça, Clarêncio nem conseguia mais trabalhar direito. Os projetos de arquitetura não estavam bons, os clientes reclamavam e seu escritório ia de mal a pior.

Um dia essa bomba explodiu! Clarêncio não aguentou mais tanta pressão e revelou para sua esposa tudo o que estava acontecendo na sua vida financeira. Ele estava muito nervoso, suando frio e teve até calafrios para contar tudo para ela, que quase caiu pra trás quando viu o que a falta de Educação Financeira ocasionou em suas vidas. A conta corrente de Clarêncio estava uma "bagunça!"

- Meu amor! É por isso que você está tão estressado e que não dorme mais direito? Agora estou entendendo tudo! Por que não nos disse nada antes?

Neste momento, Clarêncio – chorando e com muita vergonha – disse:

– Eu não queria que vocês ficassem tristes, deixando de fazer as coisas que gostam, e acabei me afundando em dívidas para pagar tudo. Depois que papai morreu, nunca imaginei que isso fosse acontecer comigo, mas estou bastante enrolado! As faturas dos cartões de crédito estão altíssimas e não consigo mais pagá-las! Além de tudo, tenho vários empréstimos com os bancos e, até mesmo, com alguns...errr.... "amigos", que já estão até ameaçando fazer coisas ruins com a gente se eu não pagar a eles o que devo.

* CAPÍTULO VII

A AJUDA DE JUSTINO

Então, Janaina teve uma ideia:

– Você já falou com seu irmão Justino? Será que ele pode nos ajudar? Mostrar que caminho devemos seguir?

Clarêncio resmungou:

– Ahhhh, Jana! O Justino é muito certinho com as coisas! Se eu falar o que está acontecendo, ele vai brigar comigo, sem dúvida!

– Que nada, Clarêncio – disse Janaina – vamos ligar para o Justino! Tenho certeza de que ele vai entender a nossa situação.

E assim os dois falaram com Justino que, no mesmo momento, se prontificou a ajudar e disse:

– Nossa, meu irmão! Por que você não me disse isso antes? Agora você vai ter que aprender a fazer um bom planejamento financeiro e, assim, uma grande "faxina" na sua vida financeira! E olha: eu posso te ensinar a fazer isso, com o maior prazer! Você topa?

No mesmo final de semana, Clarêncio foi à casa de seu irmão Justino. Ele aprendeu a fazer o diagnóstico financeiro da vida dele. Anotou suas receitas, fez o apontamento financeiro e, claro, definiu quanto ele precisaria para realizar os sonhos de curto, médio e longo prazos.

É igual quando vamos ao médico. Ele não nos pede exames para saber qual é a doença que temos? Só depois dos exames o médico sabe qual é o tratamento mais adequado, não é verdade? Assim também é com as nossas finanças. Precisamos saber exatamente para onde está indo cada centavo do nosso dinheiro para definirmos o que vamos fazer com ele. Assim, querido leitor, sugiro muito a leitura do livro Terapia Financeira, do Reinaldo Domingos. Lá explica direitinho o que é, como fazer Diagnóstico Financeiro e como praticá-lo em sua vida.

Então, Justino ensinou Clarêncio a anotar todos os gastos dele, mês a mês, durante o período máximo de 3 meses. Esses gastos deveriam ser separados por categorias, de forma que Clarêncio pudesse saber realmente como (se no débito, no crédito, no PIX) e no que estava gastando cada centavo. Assim, as coisas foram ficando bem mais claras: Clarêncio conseguia perceber o que realmente estava acontecendo, como se visse uma verdadeira "foto" da vida financeira!

Durante toda infância e adolescência, Justino sempre tentou convencer o irmão a se interessar por Educação Financeira, mas nunca teve êxito. Não foram poucas tentativas. Justino chegou a presentear seu irmão com livros sobre o tema, mas, depois, soube que ele nunca os tinha lido.

– Clarêncio, meu brother, eu sempre falei para você fazer a sua reserva financeira e planejar os seus gastos, mas você não me ouviu, né? Bom, nunca é tarde para começar a mudar o seu comportamento! Educação Financeira tem tudo a ver com mudança de comportamento! Não é só sobre o dinheiro! Lembre-se de que cuidar da nossa vida financeira é uma ótima escolha! Fazendo boas escolhas estaremos contribuindo, até mesmo, com o meio ambiente: você já pensou que quando reciclamos, reutilizamos ou reaproveitamos materiais estamos economizando e contribuindo para um planeta Terra mais limpo e sustentável? Pois é, irmão! Te convido a fazer sempre essas boas escolhas! Topa? Estou muito feliz por você! Parabéns pela sua iniciativa!

Justino também aconselhou Clarêncio a pagar todos os empréstimos com aquelas pessoas que o ameaçavam (o nome verdadeiro desse tipo de pessoa é agiota – alguém que empresta dinheiro e depois cobra valores muito mais altos do que aquele que foi emprestado).

A ideia foi verificar como e onde Clarêncio estava gastando dinheiro, por meio das anotações no Apontamento financeiro. Com essas anotações, foi possível construir o orçamento, por meio do qual ele conseguiu visualizar e analisar todo o comportamento financeiro dele.

Clarêncio, então, adequou os gastos aos ganhos dele, se empenhou em atrair novos clientes para o seu escritório de arquitetura (e conseguiu!), fazendo, assim, os ganhos aumentarem! Com essas mudanças – dentro e fora de casa –, foi possível realizar o pagamento das dívidas. Sempre com muita responsabilidade e, claro, sem estresse e sem megapreocupações! Tudo foi resolvido de acordo com as possibilidades financeiras da família de Clarêncio.

E não para por aí! Os filhos de Clarêncio e Janaina, Miguelzinho e Luísa, também deveriam fazer parte de toda essa revolução: tomando banhos curtos e evitando deixar luzes acesas sem necessidade! Televisão ligada sem ninguém assistindo? Nem pensar! Conversaram sobre o assunto e decidiram que pelo menos metade do valor economizado nas contas de água e de luz se "transformaria" em guloseimas ou em passeios, como idas ao cinema, à brinquedoteca do shopping, além de tomar sorvetes e lanchar naquela lanchonete que eles tanto adoravam...

* CAPÍTULO VIII

VIVENDO SEM PREOCUPAÇÕES FINANCEIRAS

Foi um sucesso! As crianças gostaram da ideia e começaram a contribuir bastante em casa quando o assunto era reduzir o consumo de água e luz! E sabe quem também agradeceu muito? Nosso planeta Terra! Educação Financeira também é sustentabilidade!

E sabe que a família de Clarêncio começou a entrar nos eixos depois da ajuda de Justino e daquele tal diagnóstico financeiro? Venderam coisas que não usavam mais, passaram a adquirir somente o suficiente para o mês e, aos poucos, as dívidas foram diminuindo. Todos se comprometeram, começaram a prestar atenção nas compras de casa, sempre faziam lista do que era necessário adquirir antes de ir ao supermercado, pararam com os desperdícios e, aos poucos, foram mudando o comportamento com dinheiro.

Agora, quando o assunto é sobre movimentação financeira da família, todos sempre participam! Só que hoje eles estão chiques: Clarêncio e Janaina já abriram uma conta em uma corretora de investimentos e todo mês separam valores para realizar seus sonhos antes de qualquer coisa: ou seja, eles não esperam "sobrar" algum dinheiro para investir. Assim que Clarêncio recebe de seus clientes, já separa os valores para pagar os gastos relacionadas ao escritório arquitetura e aí, então, retira seu pró-labore, ou seja, o dinheiro que receberá de sua empresa devido a seu próprio trabalho. Empenho e dedicação devidamente remunerados!

Janaina, sua esposa, é professora e agora ela já aprendeu: logo que recebe seu salário, também poupa dinheiro para a reserva financeira dos sonhos de curto, médio e longo prazos da família. Além disso, eles querem se aposentar sem dificuldades financeiras. Você sabia que existe um valor específico que devemos Poupar por mês para sabermos quanto vamos receber quando nos aposentarmos? Podemos decidir esse valor e, quanto antes começarmos a poupá-lo, melhor ainda*! Te aconselho a ler o livro Como garantir uma aposentadoria tranquila (Reinaldo Domingos, 2017).

A família de Clarêncio agora é muito mais feliz. Ele dorme bem todas as noites e nunca mais se estressou por conta de dívidas. Todos os anos viaja para praia com a esposa, os filhos deles e Dona Magda. Sabe que até já conheceram outros países? Vejam que surpresa: trocaram de carro porque a família vai aumentar! É... vai chegar um irmãozinho novo pra Miguelzinho e Luísa. Já Justino e Bianca continuam viajando muito! Ainda não tiveram filhos, mas esse sonho será realizado em breve! Bianca não vê a hora! E, claro, tudo com muita Educação Financeira!

FIM

VALORIZANDO OS MEUS SONHOS

Orientações valiosas: peça para o seu pai ou para a sua mãe abrir uma conta investimento para você. Assim, o seu dinheiro poupado para realizar seus sonhos de curto, médio e longo prazos vai render todos os meses! Os bancos têm aplicativos e são bons nisso!

Não deixe de ler sobre os juros compostos. Quando o seu dinheiro for investido, os juros compostos farão toda a diferença no rendimento e facilitarão, ainda mais, a realização dos seus sonhos de curto, médio e longo prazos.

AGORA, QUERO SABER QUAIS SÃO OS SEUS SONHOS:

EM ATÉ 1 ANO EU QUERO ______________________________

____, que custa

R$ ____________________________.

Vou Poupar R$ ____________________________ por mês e,

daqui a 12 meses, terei aproximadamente

R$ _____________________________ *(lembre-se de que o seu dinheiro foi investido e rendeu durante todo esse período).*

EM ATÉ 5 ANOS EU QUERO ______________________________

____, que custa

R$____________________________.

Vou Poupar R$ ____________________________ por mês e,

daqui a 60 meses, terei aproximadamente

R$ _____________________________ *(lembre-se de que o seu dinheiro foi investido e rendeu durante todo esse período).*

ACIMA DE 5 ANOS EU QUERO ________________________

____, que custa

R$____________________________.

Vou Poupar R$ ____________________________ por mês e,

daqui a ___________________, terei aproximadamente

R$ _____________________________ *(lembre-se de que o seu dinheiro foi investido e rendeu durante todo esse período).*

DESAFIO
DO JUSTINO

AGORA EU QUERO SABER SE VOCÊ CONHECE ALGUMAS DESSAS PALAVRAS QUE FORAM MENCIONADAS NO LIVRO!

Escreva nas linhas que seguem cada palavra o que você acha que ela significa, ok? Depois, basta conferir lá no "Glossário financeiro" se você acertou! Só não vale "colar", hein?

Agiota:

Cartão de crédito:

Conta corrente:

Diagnóstico financeiro:

Dívidas:

Empréstimos:

Gastos:

Ganhos:

Impostos:

Investimentos:

Prestações:

Reserva financeira:

Seguros:

Sonhos:

GLOSSÁRIO FINANCEIRO

Agiota: Agiota é todo aquele que empresta recursos financeiros para uma terceira pessoa, sendo jurídica ou física! É importante ficar atento: para praticar essa atividade, ela deve estar regulamentada pelo Banco Central (BACEN) e pela Comissão de Valores Mobiliários (CVM)

Bancos Digitais: São instituições financeiras que não possuem uma sede no mundo real. Ou seja, não existem agências desse banco. Tudo é feito pela internet, por meio de apps ou pelo Internet banking. Esses bancos geralmente possuem tarifas muito baixas ou até mesmo oferecem serviços gratuitos para os seus clientes. Vale a pena conferir!

Cartão de crédito: Com ele, é possível fazer prestações e dividir o valor total da sua compra. Mas muito cuidado! É preciso ser organizado e planejado quando for utilizar este produto bancário, pois ele cobra juros altíssimos se a fatura total não for quitada.

Compras: “Tudo que for adquirido à vista ou a prazo, por meio de troca(escambo), com valores agregados ou não” *(Professor Reinaldo Domingos, op. Cit)*

Conta corrente: É onde movimentamos o dinheiro no banco. Recebemos um cartão para sacar o dinheiro nos caixas eletrônicos e para fazer compras no débito, transferir e receber dinheiro via PIX, receber nossas receitas... enfim! É por onde o seu dinheiro circula no dia a dia. Funciona assim: quando você faz uma compra no cartão de débito ou envia um PIX, o dinheiro automaticamente sai da sua conta corrente e vai para a conta corrente do comerciante que te vendeu alguma coisa. Segundo o Banco Central, a conta corrente “trata-se de uma conta de depósito, geralmente mantida em um banco, que pode ser gratuita ou ter taxas, ser individual ou conjunta, ou até mesmo ter tarifas especiais dependendo da sua idade”. (atualizado em setembro de 2019).

Conta investimento: É onde você vai depositar o seu dinheiro para que tenha acesso aos produtos financeiros que farão o seu dinheiro render todos os meses. Por exemplo: investir dinheiro em Tesouro Direto, CDB’s, Fundos de Investimentos, ações...

Ganhos: Hmmmmm... isso é bom! Mas não é aquele ganho de bolo da vovó, não! São nossos ganhos. Por exemplo, a sua mesada é um ganho. Alguma venda que você faça, também é! Ou seja, é todo o dinheiro que entra no nosso bolso. Mas cuidado! O dinheiro adquirido por empréstimos não é considerado ganho e, sim, uma dívida!

Gastos: "Tudo aquilo que você movimenta financeiramente seja comprando, pagando, doando." *Professor Reinaldo Domingos (Apontamento financeiro, p.9)*

Diagnóstico financeiro: "Diagnosticar é buscar o caminho do dinheiro percorrido. É o instrumento real de poupar para os sonhos e as necessidades. Esse diagnóstico vai fazer com que você descubra o seu EU Financeiro e saiba exatamente de onde vem e para onde vai seu dinheiro em um período determinado." *(Professor Reinaldo Domingos, op. cit.)*

Dívidas: "Tudo aquilo que é adquirido a prazo, cujo vencimento será honrado na data estabelecida." Quanto à inadimplência: "Tudo aquilo que é adquirido a prazo, cujo vencimento não foi honrado na data estabelecida." *(Professor Reinaldo Domingos, op. cit.).*

Educação financeira: "A Educação Financeira é uma ciência humana que busca a autonomia financeira, fundamentada por uma metodologia baseada no comportamento, com o objetivo de construir um modelo mental que promova a sustentabilidade, crie hábitos saudáveis e proporcione o equilíbrio entre o SER, o FAZER, o TER e o MANTER, com escolhas conscientes para a realização de sonhos e necessidades." *(Professor Reinaldo Domingos, op. cit.)*

Empréstimos: É uma modalidade de financiamento pela qual se adquiri um produto ou valor, podendo parcelar e pagando juros.Por exemplo: se você pegar R$ 500 emprestado, dependendo da quantidade de juros que será cobrado, no final das prestações o valor que você pagará será muito mais que R$500. Cada operadora cobra um valor de juros diferente para certo tipo de empréstimo. Isso também depende do prazo (por quantos meses você vai pagar este empréstimo). E vale também pra compra de carros, casas ou apartamentos em prestações (são os financiamentos).

Impostos: São os valores que todo cidadão deve pagar para obter produtos e/ou serviços governamentais. Exemplos de impostos: Imposto sobre a Propriedade de Veículos Automotores (IPVA) – pra ter um carro, tem que pagar este imposto pro governo; Imposto sobre a Propriedade Predial e Territorial Urbana (IPTU) – quando temos uma casa ou um apartamento, é necessário pagar este imposto também. Segundo o artigo 16 do Código Tributário Nacional, "imposto é todo tributo cuja obrigação tem por fato gerador uma situação independente de qualquer atividade estatal específica, relativa ao contribuinte. Como exemplos de impostos, no Brasil, temos: Imposto de Renda, o IPI, o ICMS, o ISS, o IPVA, o IPTU, o ITR, ITCMD".

Imprevistos: São situações não previstas no orçamento financeiro, como nossos pais baterem o carro, alguém se machucar ou ter uma doença grave ou até a morte de quem gostamos muito.

Investimentos: Algo fundamental para alcançar seus sonhos e necessidades. . É uma aplicação de recursos que produz um retorno futuro. Podemos tanto investir tempo nos estudos para adquirir conhecimento quanto aplicar algum valor monetário, o que pode ser entendido como um investimento. "Os fatores tempo e risco são imprescindíveis para a sua boa gestão." *(Professor Reinaldo Domingos, op. cit.)*

Poupança: É o jeito mais conhecido do brasileiro de Poupar dinheiro e também fazê-lo render todos os meses. Muitos bancos oferecem a conta poupança, que geralmente é representada pelo cofre de porquinho.

Previdência privada: Este é um produto vendido pelos bancos. Serve pra quando, depois de ter trabalhado uma vida toda, você se aposentar. É um complemento da sua renda. Imagine que um dia você vai se aposentar! Imaginou? Você vai querer viajar, dar presente pros seus netinhos, viver esses dias bem tranquilamente sem se preocupar em como vai pagar suas contas, não é mesmo? Então! A previdência privada serve pra isso. Pra te ajudar a complementar a renda da sua aposentadoria e fazer com que você mantenha o mesmo padrão de vida que você tinha antes de se aposentar. "Os planos de previdência oferecidos pelas sociedades seguradoras ou pelas entidades abertas de previdência complementar são planos de benefícios de caráter previdenciário e têm por objetivo complementar os benefícios oferecidos pelo regime geral de previdência social. A previdência privada é uma aposentadoria que não está ligada ao sistema do Instituto Nacional do Seguro Social (INSS). Ela é complementar à previdência pública. Todo setor de previdência privada é fiscalizado pela Superintendência de Seguros Privados (Susep), órgão do governo federal".

Reserva financeira: "Trata-se de um recurso financeiro, cuja finalidade é blindar sua vida pessoal e profissional."
(Professor Reinaldo Domingos, op. cit.) .
Todo mês separe pelo menos um décimo de todas os seus ganhos para investir em sua reserva financeira.

Seguros: São valores que pagamos para empresas seguradoras que, no caso de algum problema ocorrido (batida de carro, acidentes e até mesmo a morte do segurado), pagarão uma quantia para a pessoa que tenha feito o seguro ou ainda para sua esposa, filhos e/ou parentes (beneficiários). Geralmente, esta quantia paga pela seguradora é mais do que suficiente para cobrir os gastos com o conserto do carro (seguro de automóveis) e serve ainda para pagar gastos com doenças do segurado ou como herança para os beneficiários (seguro de vida). De acordo com a SUSEP, "seguro é um contrato pelo qual uma das partes se obriga, mediante cobrança de prêmio, a indenizar a outra pela ocorrência de determinados eventos ou por eventuais prejuízos previstos nas condições contratuais".

Sonhos

"Agentes motivadores que mostram o caminho e o verdadeiro sentido da vida, que proporcionam um empoderamento, tornando-o capaz de realizar todos os sonhos. Para que essa motivação seja contínua, é preciso ter sempre, no mínimo, três sonhos"

Professor Reinaldo Domingos (Apontamento financeiro, p.5).

UFA! É muito nome diferente, não é mesmo? Mas é bem simples quando a gente começa a se familiarizar com eles. Mesmo assim, caso você tenha alguma dúvida ou queira compartilhar comigo qualquer coisa relacionada a tudo o que você aprendeu neste livro e, principalmente, se você estiver disposto a se educar financeiramente para realizar todos os seus sonhos, mande-me um e-mail! Estou à sua disposição através do meu Instagram, o @valorizeseusonho, e o da editora DSOP @editoradsop

É... realmente, às vezes, a gente precisa aprender assim, né? Mas nunca deixe de pedir ajuda para aqueles que entendem um pouco mais dos assuntos que a gente ainda não sabe. Clarêncio pediu ajuda para Justino, que, com muita sabedoria e paciência, mostrou a ele os passos para uma mudança total em seu comportamento relacionado a sua vida financeira.

Se você ou sua família estiverem passando por algum problema financeiro, não deixem de conversar e procurem ajuda! Busque os profissionais da Educação Financeira associados à Associação Brasileira de Profissionais de Educação Financeira (ABEFIN): www.abefin.org.br. Eles vão ajudar você e sua família a fazerem uma transformação maravilhosa de vida. Vocês não vão se arrepender!

A minha missão é ajudar pessoas a realizar sonhos por meio da Educação Financeira.

A Educação Financeira é um dos caminhos para sua autonomia e sustentabilidade financeira. Faça boas escolhas, mudando o seu comportamento financeiro.

Não tenha medo de começar a trilhar este caminho.

Apenas comece. Você vai se apaixonar!

Seja sempre feliz e lembre-se:

VALORIZE OS SEUS SONHOS!

Um abração,

Rafael Rico

* * *

Educador, palestrante e mentor financeiro, Rafael Rico também é bacharel em Direito e biólogo. Servidor público, coordenou por seis anos o eixo financeiro do Programa Superendividados do Tribunal de Justiça do Distrito Federal e dos Territórios – TJDFT. Membro da Associação Brasileira dos Educadores – ABEFIN, apresentou o programa MoneyCast - Possibilidades para o seu dinheiro, na Rádio Federal. É o idealizador do perfil no Instagram Valorize seu $onho ® (@valorizeseusonho) e da Rafael Rico Educação Financeira ®. Tem uma filha de 6 anos, a Luísa, e é o "paidrasto" de Letícia, de 15 anos.